NIVEL 4

PIANO

Adventures® *de Nancy y Randall Faber*

EL MÉTODO BÁSICO PARA PIANO

Traducido y editado por Isabel Otero Bowen
y Ana Cristina González Correa

Agradecimiento a Mintcho Badev
Coordinador de producción: Jon Ophoff
Portada e ilustraciones: Terpstra Design, San Francisco
Grabado y tipografía: Dovetree Productions, Inc.

ISBN 978-1-61677-675-6

ÍNDICE

Haz un seguimiento de tu progreso: colorea o
pega una estrella al lado de cada pieza o ejercicio.

Los cuatro "secretos técnicos" del Nivel 4 se deben aprender gradualmente.

El Libro de lecciones y teoría de *Piano Adventures*® menciona los "secretos" uno a la vez.

Las correlaciones se muestran en la parte inferior de la página.

El profesor debe demostrar cada secreto técnico al introducirlo.

1. El primer secreto es el PESO DEL BRAZO.

Ejercicio: Brazos con pesas

- Aleja la banca del piano. Siéntate con la espalda recta.

- Relaja los brazos completamente y déjalos colgar como si estuvieran sosteniendo unas pesas muy pesadas.

- Observa cómo, al relajarlos de esta manera, tus manos asumen naturalmente una forma redonda. Mantén esta forma y **levanta len-ta-men-te** tus brazos pesados.

- Cuando estén paralelos al piso, **déjalos caer libremente sobre tus piernas**. Hazlo varias veces.

2. El segundo secreto es el GESTO DE *LEGATO*.

Ejercicio: Eleva ligeramente la muñeca

Los pianistas pueden tocar varias notas con un solo movimiento. Este movimiento suave de la muñeca se llama *gesto de legato*. **Tu muñeca se elevará ligeramente en las últimas notas de la ligadura.**

Al tocar, imagínate que estás pintando una suave pincelada hacia arriba sobre un lienzo.

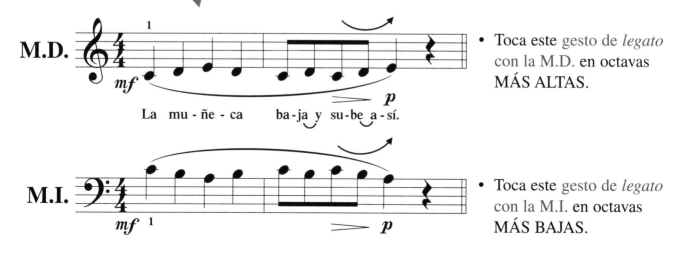

M.D.

La mu - ñe - ca ba - ja y su - be a - sí.

- Toca este gesto de *legato* con la M.D. en octavas MÁS ALTAS.

M.I.

- Toca este gesto de *legato* con la M.I. en octavas MÁS BAJAS.

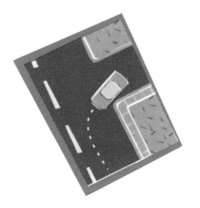

3. El tercer secreto es un PULGAR LIVIANO Y ACTIVO.

Ejercicio: El pulgar viajero

- En cada ligadura, deja que tu pulgar viaje hasta llegar *detrás* del dedo que está tocando. ¡Mantén el pulgar liviano y relajado!

M.D.

Sigue SUBIENDO por el teclado, repitiendo el patrón hasta que llegues a la tecla más alta.

M.I.

Sigue BAJANDO por el teclado, repitiendo el patrón hasta que llegues a la tecla más baja.

4. El cuarto secreto es el PEDAL PARA CONECTAR.

talón en el piso

Ejercicio: Ritmos de pedal

- Al usar el pedal, mantén SIEMPRE el talón en el piso.
- ¿Estás listo para tocar estos "ritmos de pedal"? La letra le dirá a tu pie lo que debe hacer.

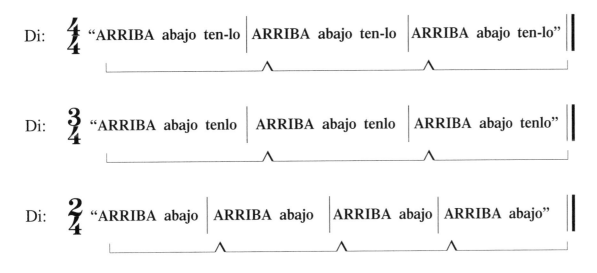

Di: **4/4** "ARRIBA abajo ten-lo | ARRIBA abajo ten-lo | ARRIBA abajo ten-lo"

Di: **3/4** "ARRIBA abajo tenlo | ARRIBA abajo tenlo | ARRIBA abajo tenlo"

Di: **2/4** "ARRIBA abajo | ARRIBA abajo | ARRIBA abajo | ARRIBA abajo"

- Ahora, ¿puedes tocar un acorde de DO cada vez que dices "ARRIBA"?
  Cuando la mano **baja**, ¡el pie **sube**!

Lecciones y teoría, página 8 (El *rock and roll* pirata), página 48 (Más acerca del pedal de resonancia)   5

Secreto técnico:
Peso del brazo (página 4)

Calentamiento: *Brazos con pesas.*

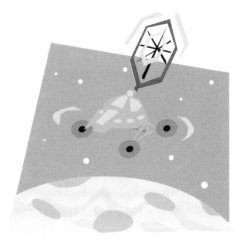

Consejos para practicar

1. Primero toca con **manos separadas**. Observa los patrones de digitación, escucha y trata de lograr un movimiento de corcheas estable y constante.

2. Deja caer el peso del brazo en las notas f del final.

3. Ahora toca con **ambas manos**. Escucha cómo los dedos golpean las teclas exactamente juntos.

El vehículo lunar

Louis Köhler, Op. 300
(1820–1886, Alemania)
final añadido

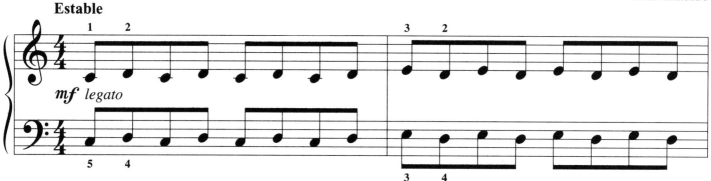

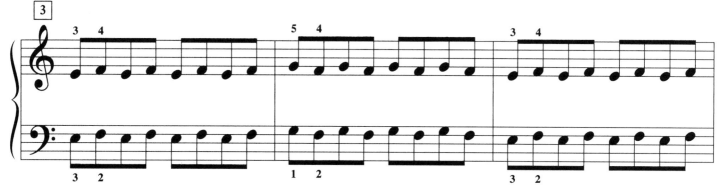

• Transpón *El vehículo lunar* a la **escala de SOL mayor**.

Calentamiento: *Eleva ligeramente la muñeca.*

Consejos para practicar

- Toca cada ligadura con un solo movimiento suave.

- Tu muñeca se elevará **ligeramente** con cada gesto.
  La última nota de cada ligadura debe ser muy liviana.

Pinceladas con la M.D.

Con delicadeza

1a.

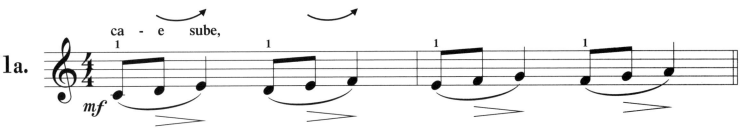

ca - e sube,

→ Sigue SUBIENDO por el teclado, empezando el patrón en **SOL, LA, SI** y **DO**.

Con delicadeza

b.

ca - e y su - be a - sí,

→ Sigue SUBIENDO por el teclado, empezando el patrón en **MI, FA, SOL, LA, SI** y **DO**.

Pinceladas con la M.I.

Con delicadeza

2a.

ca - e sube,

← Sigue BAJANDO por el teclado, empezando el patrón en **FA, MI, RE** y **DO**.

Con delicadeza

b.

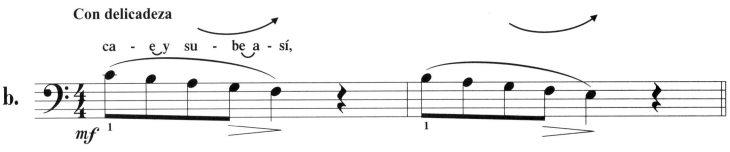

ca - e y su - be a - sí,

← Sigue BAJANDO por el teclado, empezando el patrón en **LA, SOL, FA, MI, RE** y **DO**.

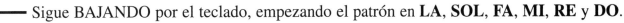

Consejo técnico para la M.I.

- Toca las ligaduras de dos notas con el pulgar *liviano*.
  Al tocar con el pulgar, la muñeca debe elevarse.

- Las flechas guiarán el movimiento de tu muñeca.

Una pintura china

**Presiona el pedal de resonancia
durante toda la pieza.**

Melodía tradicional de la China

Mantén el sonido y luego levanta
suavemente desde las muñecas.
Levanta el pedal y lleva las manos
lentamente hacia tus piernas.

Consejos para tocar *legato* versus *staccato*

- Deja que la M.D. se "hunda" dentro de las teclas con un *legato* parejo.

- Con la M.I., toca los *staccatos* de manera *liviana*.

Pista: para ayudarte a resaltar la diferencia entre *legato* y *staccato* puedes exagerar inicialmente el movimiento ascendente de la M.I. después de cada nota.

Gomitas

Buscando el equilibrio

- Transpón *Gomitas* a las siguientes escalas de 5 dedos: **RE mayor** y **SOL mayor**.

La música no se queda quieta, siempre se **MUEVE HACIA ADELANTE.**

- Para lograr una interpretación cautivante, asegúrate de que el movimiento del *tempo allegro* continúe a través de las barras de compás.

Sonatina

Nancy Faber

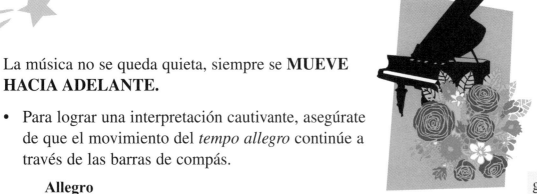

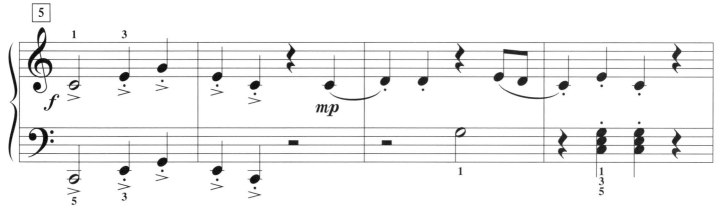

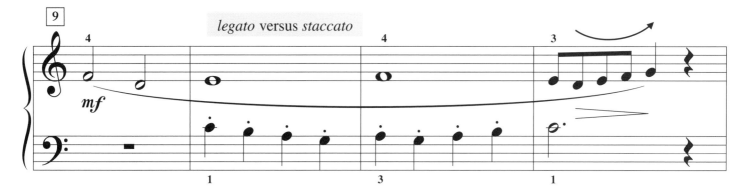

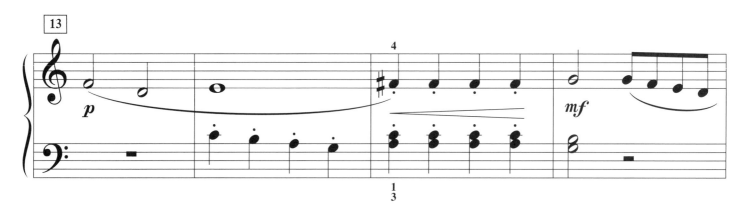

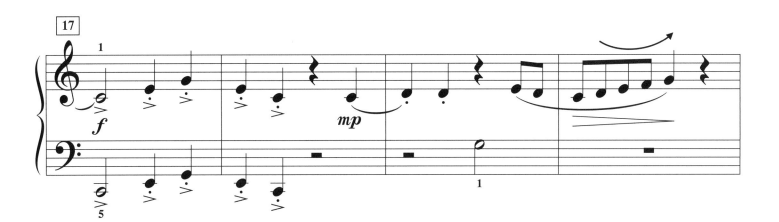

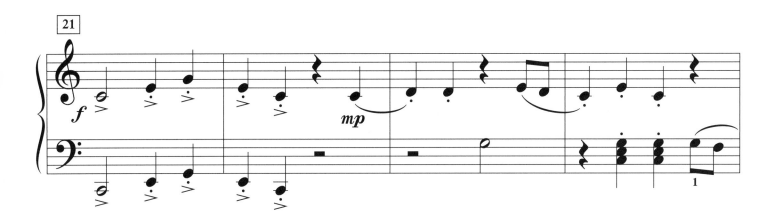

gesto de *legato*

peso del brazo

2 UNIDAD

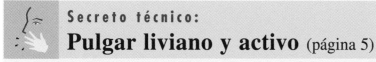

Secreto técnico:
Pulgar liviano y activo (página 5)

Calentamiento: *El pulgar viajero.*

El caballero
Ejercicios de calentamiento

- Toca estos **patrones de arpegios o "acordes quebrados"** con el pulgar *liviano*.

1.

➡ Sigue SUBIENDO por el teclado, empezando el patrón en **MI**, **FA**, **SOL**, **LA**, **SI** y **DO**.

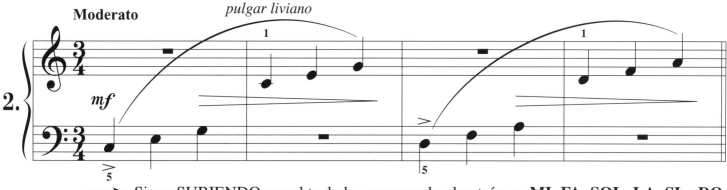

2.

➡ Sigue SUBIENDO por el teclado, empezando el patrón en **MI**, **FA**, **SOL**, **LA**, **SI** y **DO**.

- Piensa: "¡pulgar derecho liviano!"

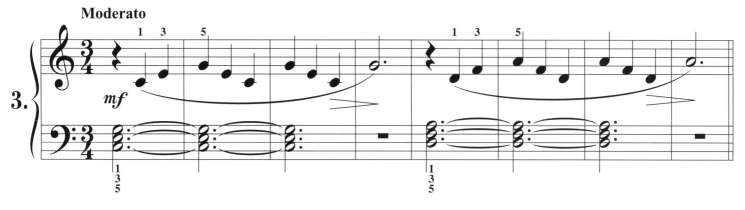

3.

➡ Sigue SUBIENDO por el teclado, empezando el patrón en **MI**, **FA**, **SOL**, **LA**, **SI** y **DO**.

📖 Lecciones y teoría, páginas 14-15 (El jinete español)

Este estudio te ayudará a practicar el
MOVIMIENTO HACIA ADELANTE.

- Siente como el ritmo de negras va "rodando" y
atraviesa con agilidad la barra de compás.

El potro
del caballero

Allegro

DO mayor

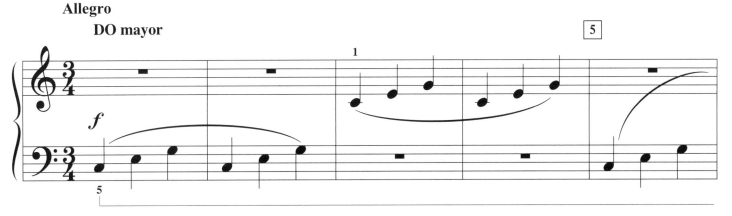

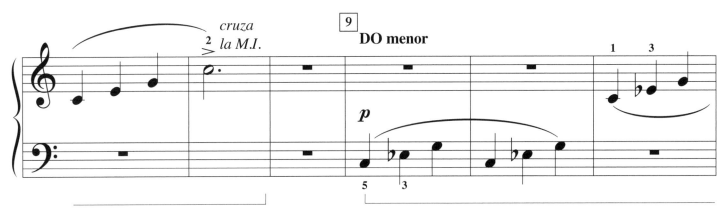

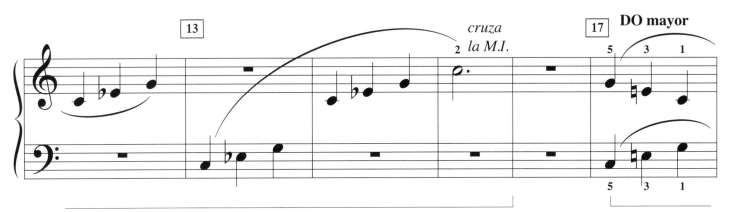

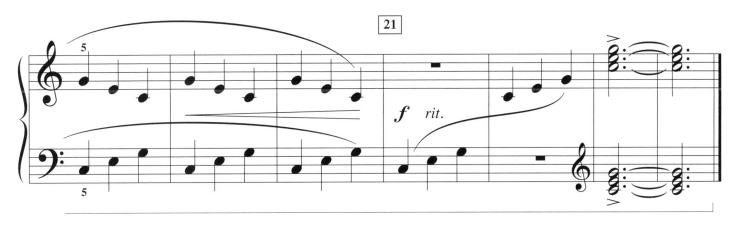

DESCUBRIMIENTO

Transpón *El potro del caballero* usando los siguientes arpegios:
SOL mayor/menor   **RE mayor/menor**   **LA mayor/menor**

La **ARTICULACIÓN** incluye
los toques de *legato* y *staccato*
y nos ayuda a lograr que la
música "baile".

- Observa que en esta pieza
  hay *legato* versus *staccato*.

La caza del dragón

Escala de LA menor de 5 dedos

Enérgico

mp   pulgar liviano

mf

legato versus *staccato*

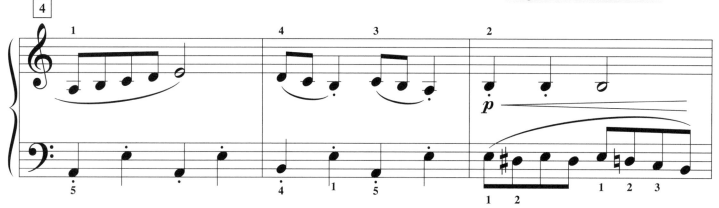

Al repetir, salta al Final
Especial (*compás 19*).

articulación

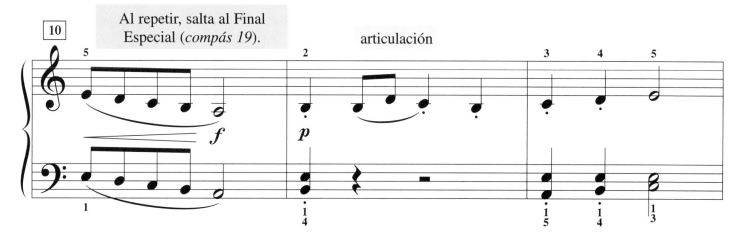

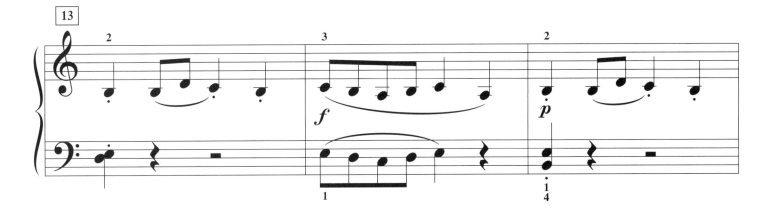

Repite desde el *compás 3*. Al llegar al *compás 11*, salta al Final Especial.

pulgar liviano

19 Final Especial

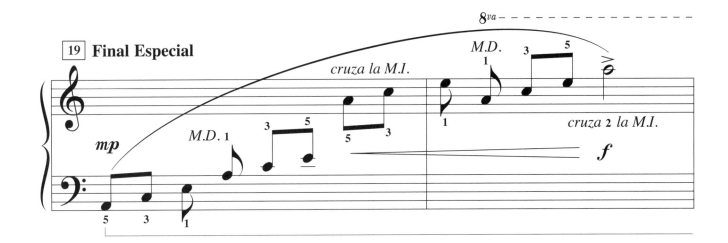

cruza la M.I.

M.D.

mp

M.D. 1

cruza 2 la M.I.

f

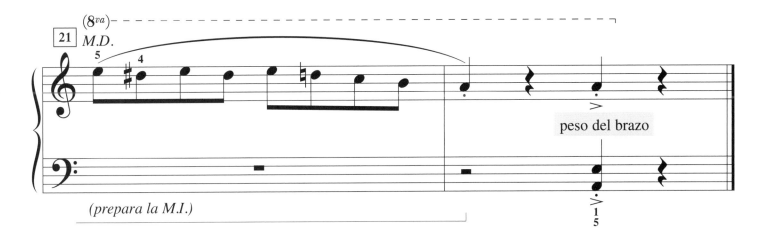

M.D.

peso del brazo

(prepara la M.I.)

DESCUBRIMIENTO

¡Vuélvete aventurero! ¿Puedes transponer *La caza del dragón* a la escala de cinco dedos de **RE menor**?

El intervalo de sexta (6.ª)

El intervalo de 6.ª requiere un *salto* entre el pulgar y el dedo 2.

Sexta para la M.D.

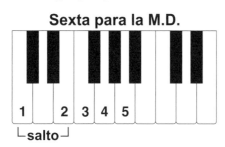

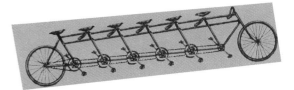

Bicicleta para 6
(para la M.D.)

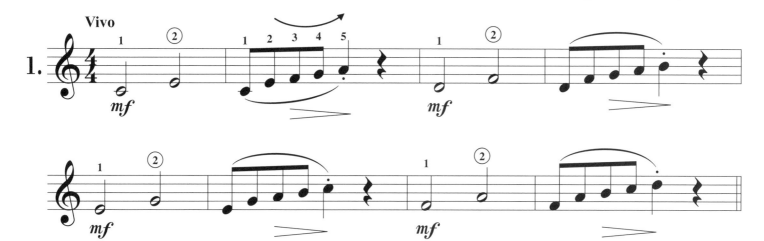

➡️ Sigue SUBIENDO por el teclado, empezando el patrón en **SOL**, **LA** y **SI**. Toca un **DO** para terminar.

Sexta para la M.I.

Bicicleta para 6
(para la M.I.)

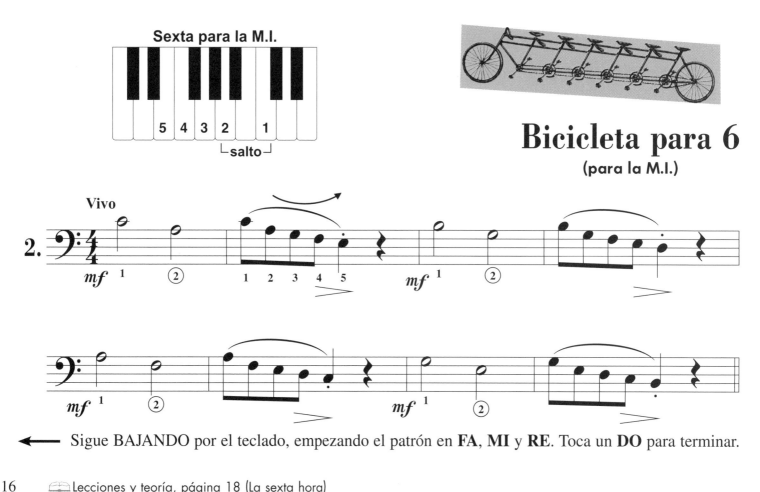

⬅️ Sigue BAJANDO por el teclado, empezando el patrón en **FA**, **MI** y **RE**. Toca un **DO** para terminar.

- ¿Qué articulación usa la M.D.? *staccato* / *legato*
- ¿Qué articulación usa la M.I.? *staccato* / *legato*

La zanfona

La zanfona es un instrumento musical muy conocido en la música popular europea. Es parecido a un violín mecánico y se toca girando un manubrio.

Nancy Faber

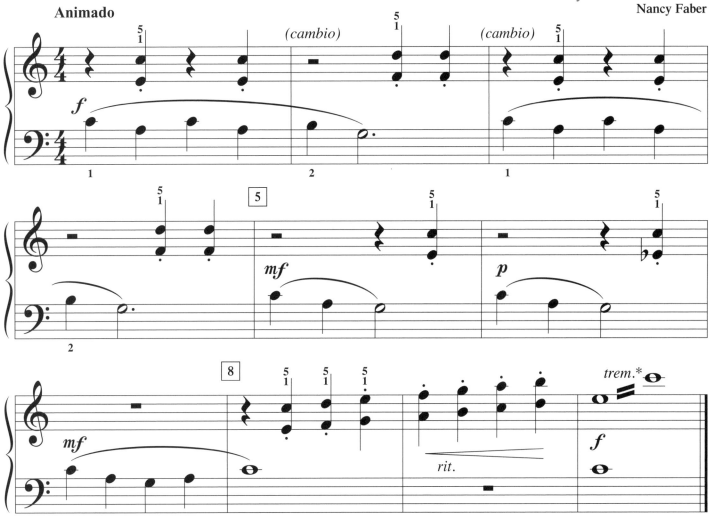

*Toca el trémolo alternando rápidamente entre MI y DO. Tu profesor te mostrará cómo.

Acompañamiento para el profesor (el alumno toca *1 octava más alto*):

Lecciones y teoría, página 19 (El tren de carga)   17

Debemos tocar la *armonía* más suave
que la *melodía*.

A esto le llamamos tener un buen **BALANCE**.

• Los matices te ayudarán a lograr un buen
balance entre melodía y armonía.

Pista: los números de dedos encerrados en círculos
te indicarán cuándo debes cambiar de posición.

Aria
(Tema de *La Traviata*)

Giuseppe Verdi
(1813–1901, Italia)
adaptación

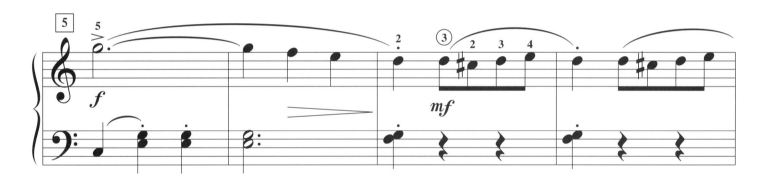

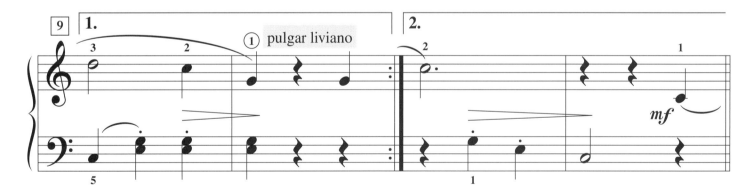

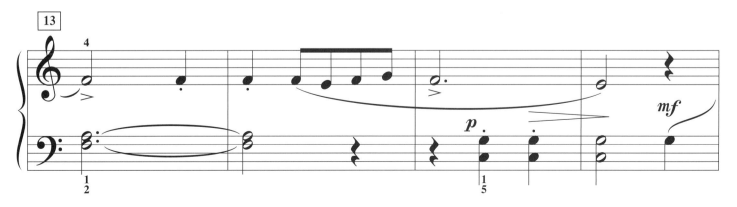

Lecciones y teoría, páginas 20-21 (De colores)

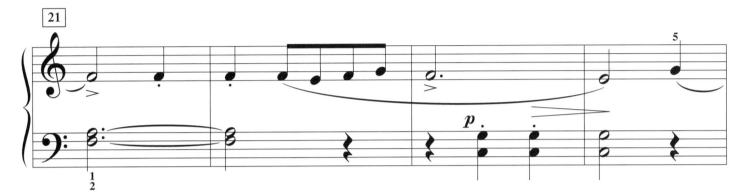

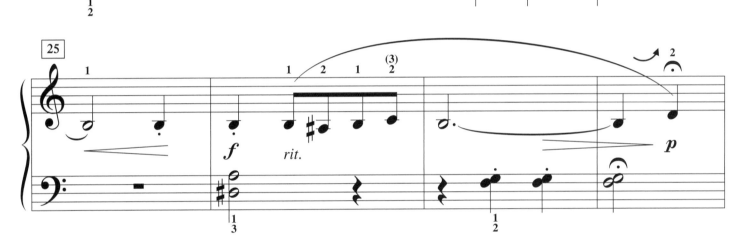

Secreto técnico:
Pulgar liviano y activo (página 5)

Calentamiento: *El pulgar viajero.*

- Este patrón de cuatro notas sube por el teclado empezando en cada una de las notas de la escala de DO mayor.

- Toca *legato*, con el pulgar *liviano*. Escucha y trata de lograr un movimiento estable de corcheas.

Patrones felinos

Ferdinand Beyer, Op. 101
(1803–1863, Alemania)

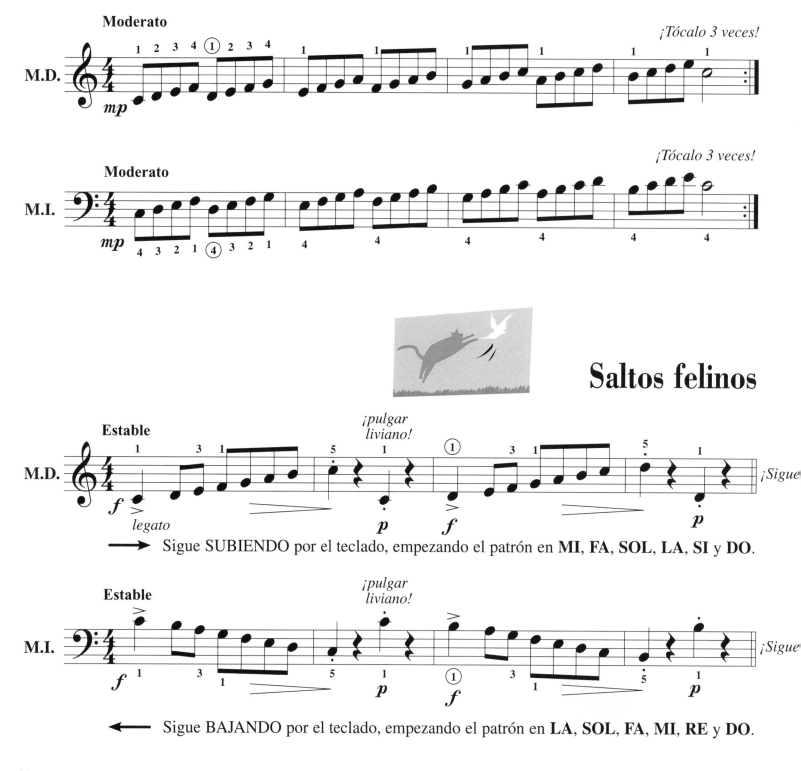

Sigue SUBIENDO por el teclado, empezando el patrón en **MI**, **FA**, **SOL**, **LA**, **SI** y **DO**.

Sigue BAJANDO por el teclado, empezando el patrón en **LA**, **SOL**, **FA**, **MI**, **RE** y **DO**.

Lecciones y teoría, páginas 26-27 (¡Soy el gato Jazz!)

Esta pieza usa la escala de DO mayor en **movimiento contrario** (en direcciones opuestas).

- Primero practica lentamente, observando los *crescendos* (◁) y *diminuendos* (▷).

- Aumenta gradualmente el *tempo* hasta llegar al *allegro*. Escucha y trata de lograr un movimiento estable de corcheas.

La casa de los espejos

Tonalidad de DO mayor

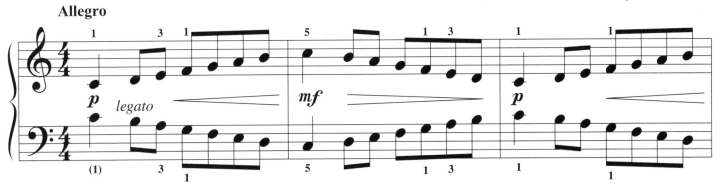

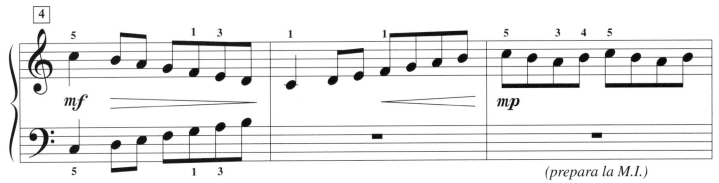

(prepara la M.I.)

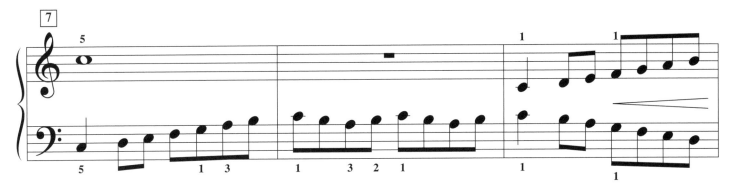

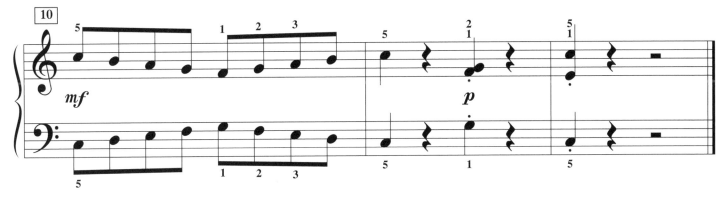

Opcional: practica *La casa de los espejos* en estos 3 *tempos*:

_____ ♩ = 72 *Andante* _____ ♩ = 88 *Moderato* _____ ♩ = 104-120 *Allegro*

Calentamiento: *Brazos con pesas.*

Consejos para practicar

- Deja caer el peso del brazo al tocar los acordes de blancas.

- Toca *staccatos ligeros*, desde la superficie de la tecla.

Pista: las flechas indican un pequeño movimiento de la muñeca hacia abajo o hacia arriba.

Acordes de *Cucú, cucú*
Tonalidad de DO mayor

1. La rana guitarrista

Calentamiento: *Eleva ligeramente la muñeca.*

2. La rana en el lirio

El **vals** es una danza en $\frac{3}{4}$.

En este vals la M.I. toca la *melodía* y
también la *armonía* (acordes de I y V7).

Consejo para practicar

- Sigue las indicaciones de **articulación**
  para lograr que la música "baile".

El vals de la bola de nieve
(para la M.I.)

Acompañamiento para el profesor:

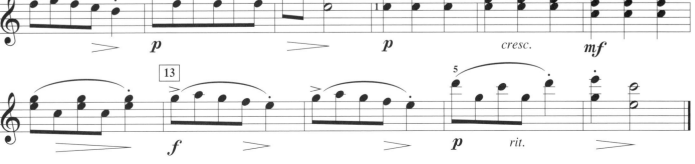

Consejos para practicar

- Primero practica l-e-n-t-a-m-e-n-t-e las **notas**, la **articulación** y los **matices**.

- Aumenta gradualmente el *tempo*. Intenta crear un "viento invernal" que atraviesa las barras de compás en *tempo allegro*.

Viento invernal

Tonalidad de DO menor

Nancy Faber

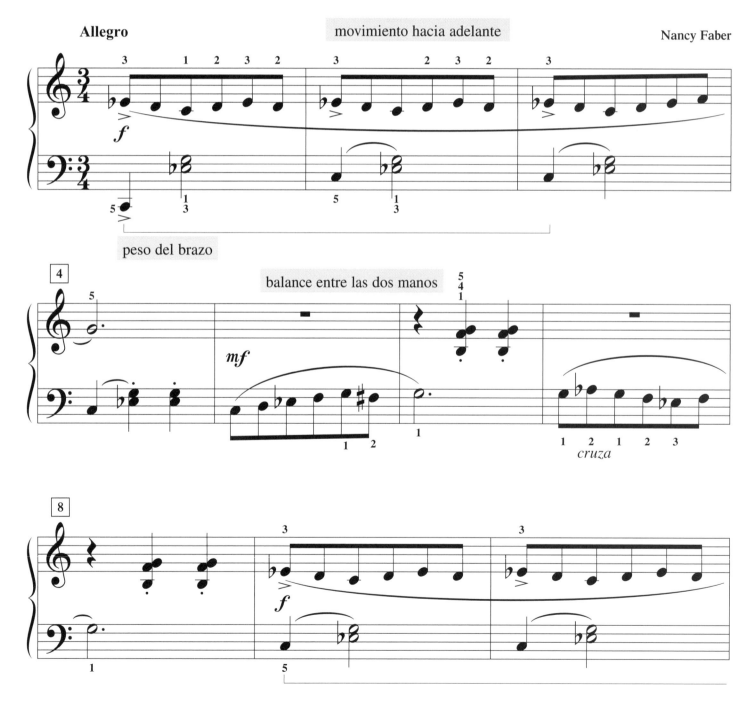

Lecciones y teoría, páginas 32–33 (Los patinadores)

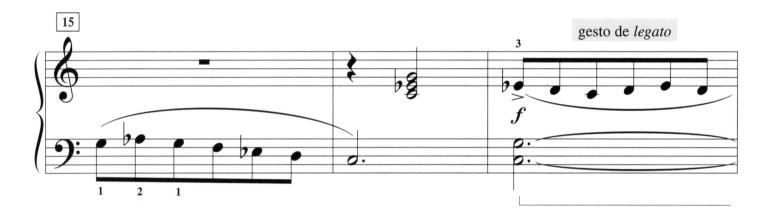

gesto de *legato*

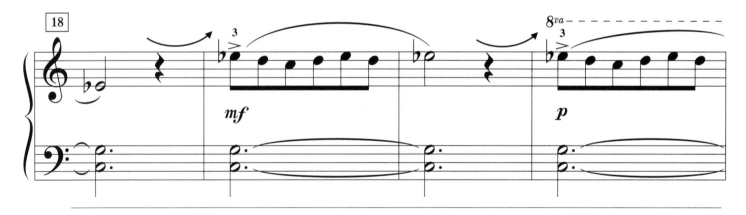

pulgar liviano

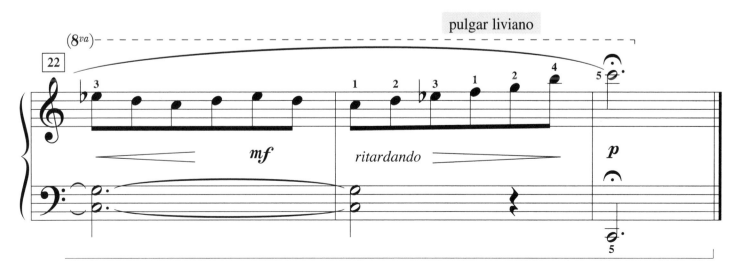

5
UNIDAD

Secreto técnico:
Pulgar liviano y activo (página 5)

Calentamiento: *El pulgar viajero.*

¡Que viva el SOL mayor!

Louis Köhler, Op. 300
(1820–1886, Alemania)

Consejos para practicar

- Practica l-e-n-t-a-m-e-n-t-e y observa la digitación.

- Aumenta gradualmente el *tempo* usando las indicaciones de metrónomo.

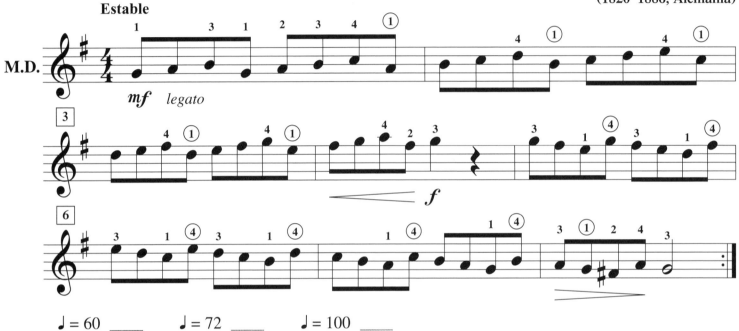

♩ = 60 _____   ♩ = 72 _____   ♩ = 100 _____

♩ = 60 _____   ♩ = 72 _____   ♩ = 100 _____

Secreto técnico:
Peso del brazo (página 4)

Calentamiento: *Brazos con pesas.*

Acordes de *Estrellita*
Tonalidad de SOL mayor

- Deja caer el peso del brazo al tocar los acordes de blancas.

- Toca *staccatos ligeros*, desde la superficie de la tecla.

1. El cielo estrellado

Secreto técnico:
Gesto de *legato* (página 4)

Calentamiento: *Eleva ligeramente la muñeca.*

2. Una noche serena

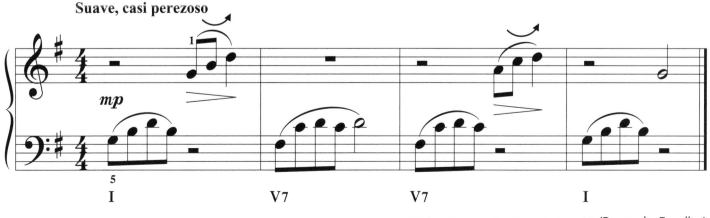

- Observa que la M.I. comienza en la **tónica** (SOL) y baja por la escala hasta la **dominante** (RE).

- Sigue las articulaciones y los matices para lograr que la música baile sobre las teclas.

Pequeña danza

Tonalidad de ____ mayor

Daniel Gottlob Türk
(1750–1813, Alemania)

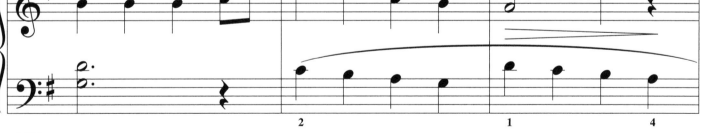

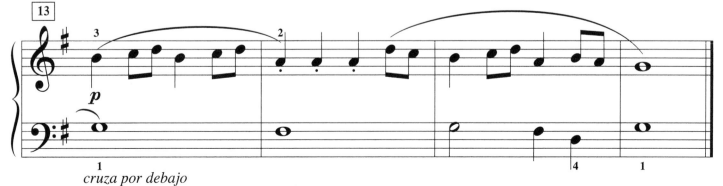

cruza por debajo

- Observa las articulaciones muy precisas al comienzo de la pieza: *staccato*, acento y *legato*.

Úsalas para imitar el sonido rítmico de las panderetas, con fuerza y energía.

Las panderetas mexicanas

Tonalidad de ____ mayor

Nancy Faber

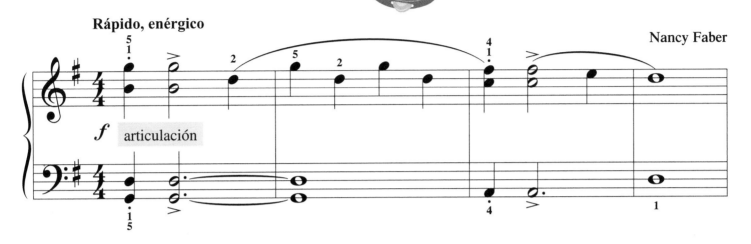

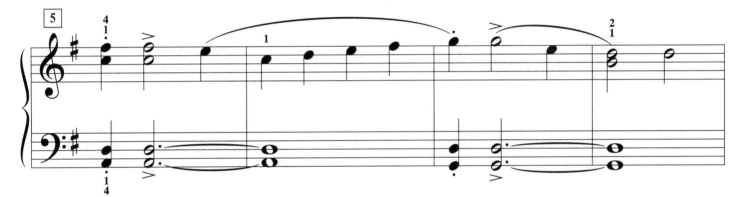

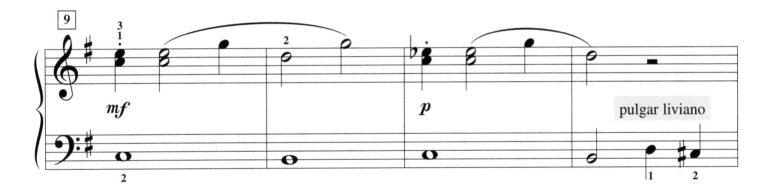

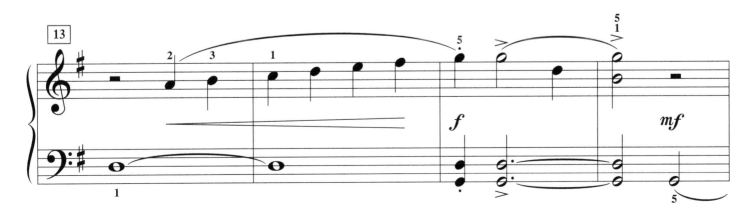

legato versus *staccato*

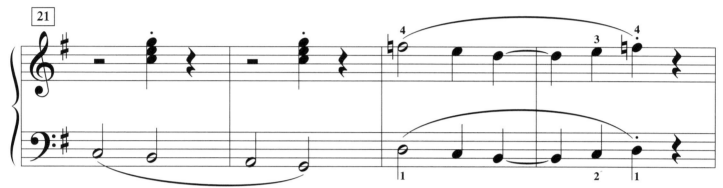

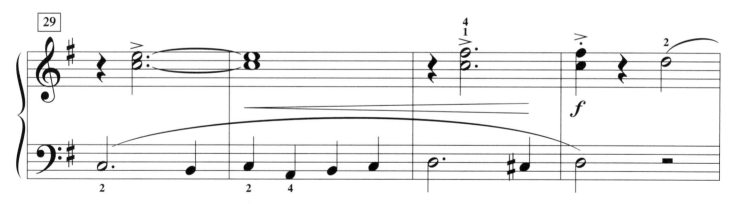

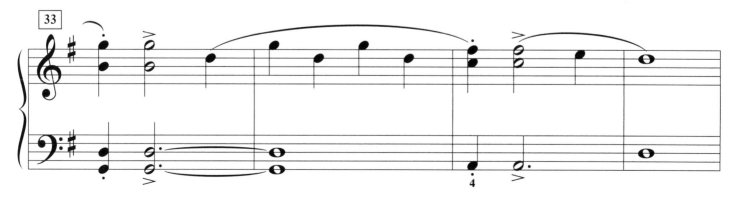

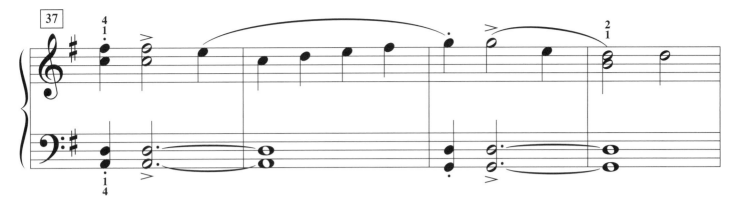

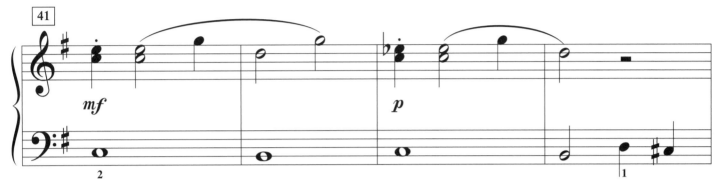

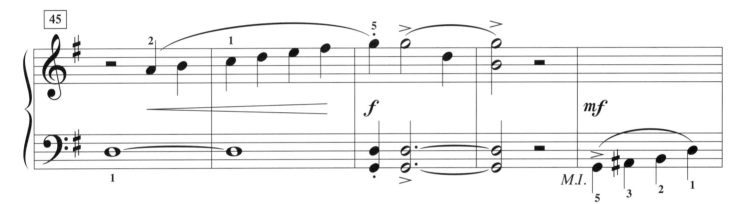

movimiento hacia adelante

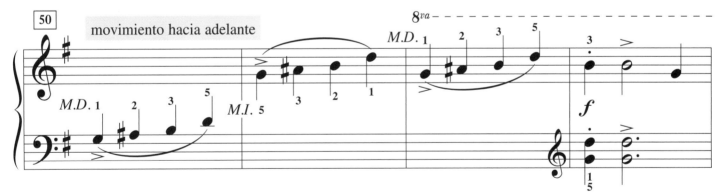

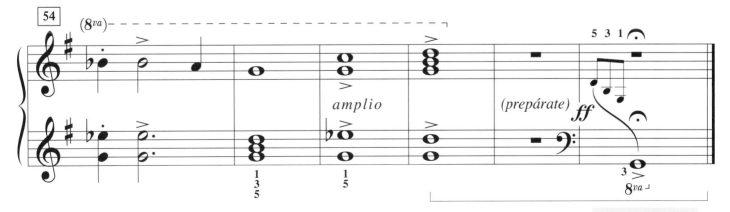

peso del brazo

Secreto técnico:
Pedal para conectar (página 5)

Calentamiento: *Ritmos de pedal.*

Pedaleando

Tonalidad de ____ mayor

1 - 2 - 3 - 4

Presiona el pedal cada **4 tiempos**. ¡Escucha atentamente!

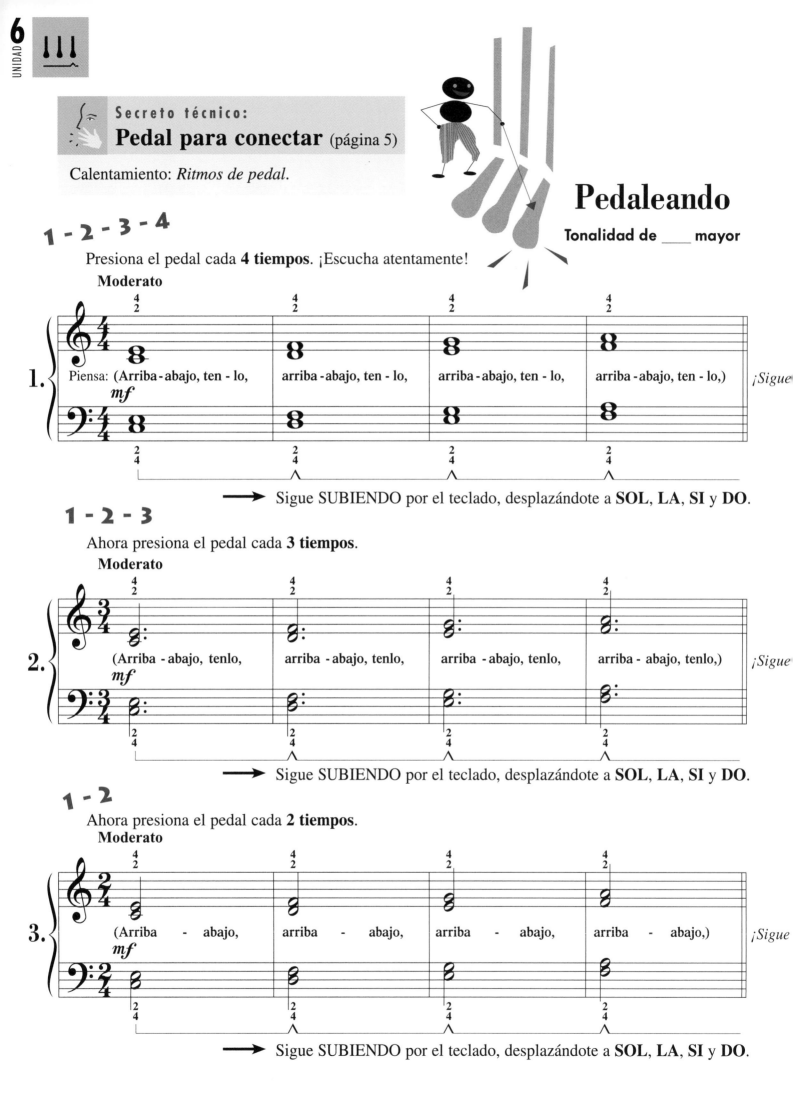

Moderato

1. Piensa: (Arriba - abajo, ten - lo,   arriba - abajo, ten - lo,   arriba - abajo, ten - lo,   arriba - abajo, ten - lo,)   ¡Sigue
mf

→ Sigue SUBIENDO por el teclado, desplazándote a **SOL**, **LA**, **SI** y **DO**.

1 - 2 - 3

Ahora presiona el pedal cada **3 tiempos**.

Moderato

2. (Arriba - abajo, tenlo,   arriba - abajo, tenlo,   arriba - abajo, tenlo,   arriba - abajo, tenlo,)   ¡Sigue
mf

→ Sigue SUBIENDO por el teclado, desplazándote a **SOL**, **LA**, **SI** y **DO**.

1 - 2

Ahora presiona el pedal cada **2 tiempos**.

Moderato

3. (Arriba - abajo,   arriba - abajo,   arriba - abajo,   arriba - abajo,)   ¡Sigue
mf

→ Sigue SUBIENDO por el teclado, desplazándote a **SOL**, **LA**, **SI** y **DO**.

Las campanas de la torre

Benjamin Carr
(de *Miscelanea Musical*)

Allegro

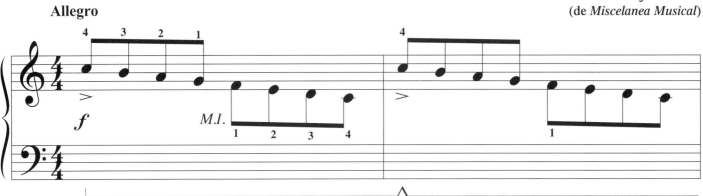

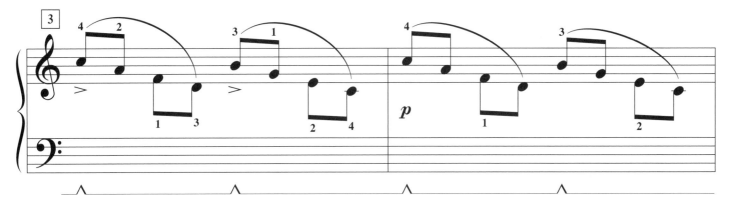

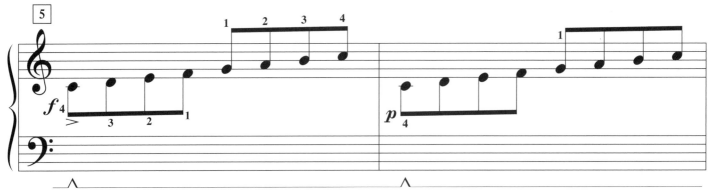

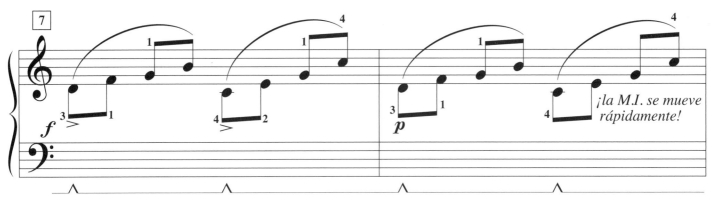

¡la M.I. se mueve rápidamente!

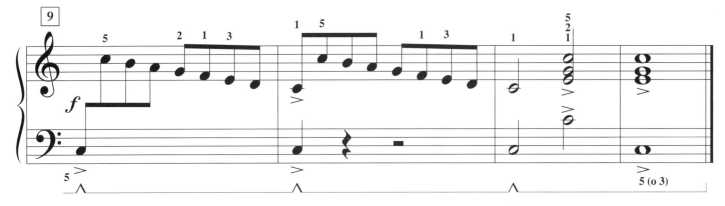

Lecciones y teoría, páginas 50–51 (Fiesta en la playa)   33

Gato nocturno

Tonalidad de LA menor

El pedal de resonancia se usa con frecuencia para crear estados de ánimo o efectos especiales.

• ¿Qué efecto crea el pedal en *Gato nocturno*?

Nancy Faber

Moderado, saltando como un gato

Letra:
Ga - to ca - za - dor, sa - le por la no - che en pi - ya - mas.

Ga - to ca - za - dor, tre - pa por la no - che por las ra - mas.

¡Su - be por a - quí! ¡Ba - ja sal - tan - do

por a - llá! To - do lo que ve lo quie - re ir a per - se - guir.

articulación
pulgar liviano
peso del brazo
como está escrito
súbitamente
cruza la M.I.

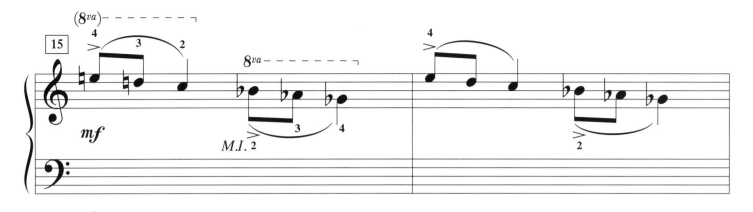

pedal para conectar

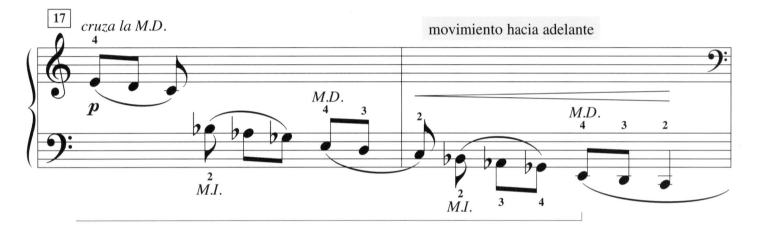

Ga - to ca - za - dor, sa - le por la no - che en pi - ya - mas.

Ga - to ca - za - dor, tre - pa por la no - che por las ra - mas.

peso del brazo

Secreto técnico:
Peso del brazo (página 4)

Calentamiento: *Brazos con pesas.*

Compañeros iguales

Tonalidad de DO mayor

Louis Köhler, Op. 300
(1820–1886, Alemania)

Moderato

Toca con suavidad, cerca de las teclas.

p

Cuenta: 1   y   2   y   3   y   4 - tro

mf 5 *Toca con un sonido profundo.*

3

Toca con un sonido profundo.

mf

p

Toca con suavidad, cerca de las teclas.

5

p

7

cresc.

f

• Transpón *Compañeros iguales* a las siguientes tonalidades:

[ ] **SOL mayor** [ ] **LA menor** [ ] **DO menor**

Este estudio explora el uso del pedal para
conectar en *crescendo* y *diminuendo*.

Luz de luna

Nancy Faber

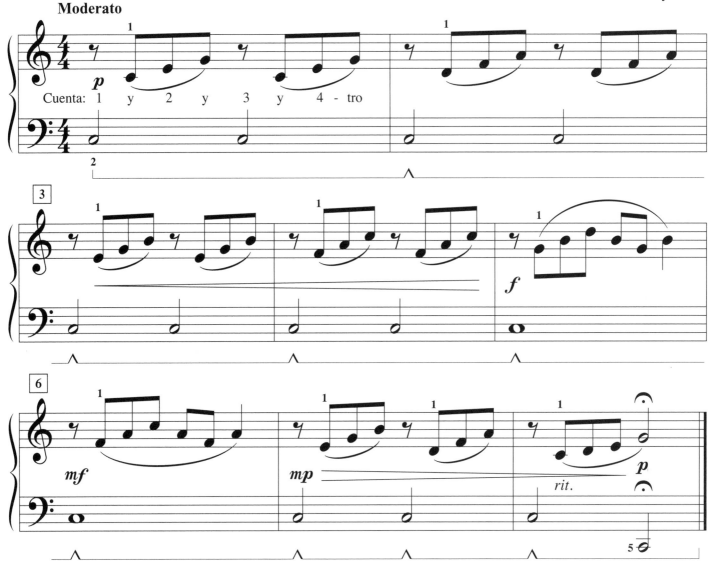

Cuenta: 1 y 2 y 3 y 4 - tro

DESCUBRIMIENTO

Toca *Luz de luna* con la M.D. una octava más alto.

Acompañamiento para el profesor:

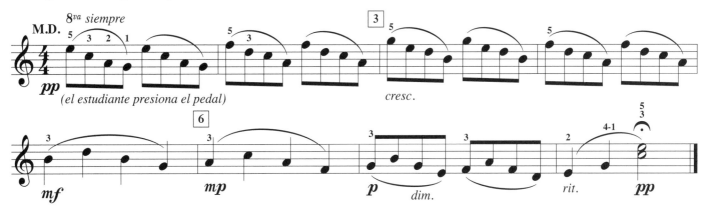

(el estudiante presiona el pedal)

cresc.

dim.

Esta pieza es muy antigua: ¡fue escrita hace 400 años!
Las 5.ᵃˢ en la M.I. imitan el sonido constante de la gaita.

- Primero toca f, marcando el ritmo con fuerza y energía.

- Luego repite p, como un eco que llega de las montañas.

Las gaitas

Tonalidad de ____ mayor

Compositor desconocido
(circa 1600)

Este es un arreglo roquero de la misma pieza.

- Escucha cómo tu profesor toca la pieza.
  Luego trata de imitar el ritmo que oíste.

Las gaitas roqueras

adaptado por Nancy Faber

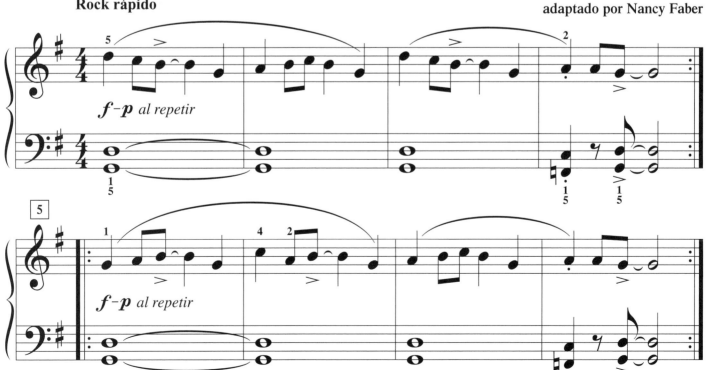

Lecciones y teoría, páginas 54–55 (El *boogie* de las calabazas)

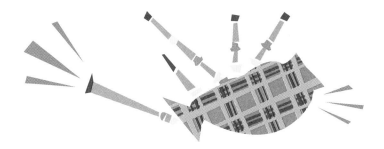

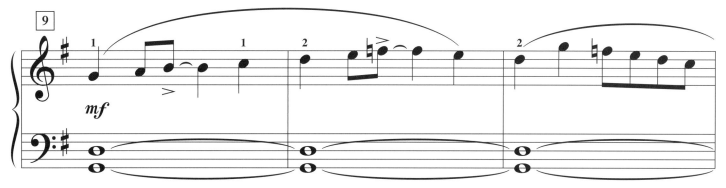

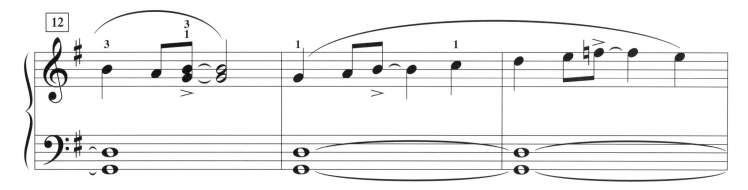

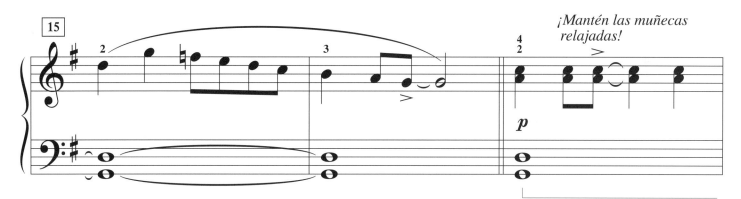

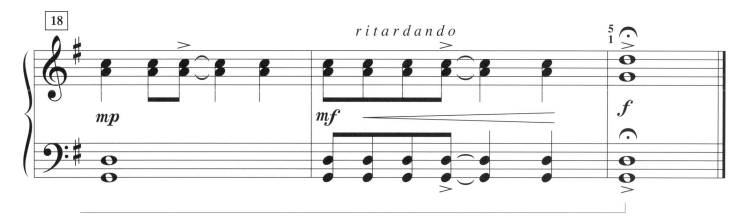

DESCUBRIMIENTO ¿En cuál de las dos manos hay un **silencio de corchea**? ¿En qué tiempo del compás aparece?

UNIDAD 8

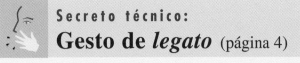

Secreto técnico:
Gesto de *legato* (página 4)

Calentamiento: *Eleva ligeramente la muñeca.*

Muchas veces después de una negra con puntillo sigue una corchea.

- Al tocar, siente el puntillo en el segundo tiempo del compás. Luego toca la corchea con agilidad y llévala hacia el tercer tiempo.

¡Me encantan las negras con puntillo!

Moderado

gesto de legato

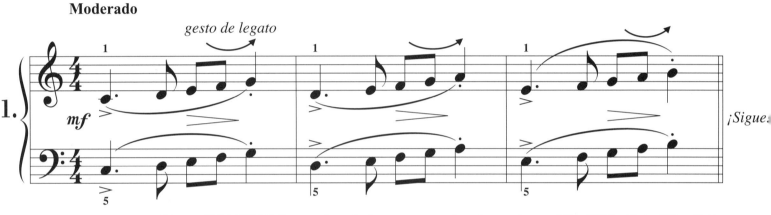

1.

mf

¡Sigue!

→ Sigue SUBIENDO por el teclado, empezando el patrón en **FA, SOL, LA, SI** y **DO**.
Toca un **DO** para terminar.

Rápido

Abajo, arriba, arriba

2.

mf *f* *p*

→ Sigue SUBIENDO por el teclado, empezando el patrón en **MI, FA, SOL, LA, SI** y **DO**.
Toca **acordes de DO** para terminar.

40   Lecciones y teoría, páginas 58-59 (¡Quiero negras con puntillo!)

Consejos para practicar

- Este es un estudio lento y tranquilo. *Eleva la muñeca* con elegancia para llevar la M.I. hacia las suaves notas graves.

- Escucha y trata de conectar suavemente el sonido con el pedal.

Kumbaya

Canción tradicional afroamericana

Letra adicional

2. Alguien duerme, Dios, kumbaya…

3. Alguien llora, Dios, kumbaya…

4. Alguien reza, Dios, kumbaya…

5. Alguien grita, Dios, kumbaya…

6. Alguien canta, Dios, kumbaya…

7. Alguien ama, Dios, kumbaya…

- ¿Qué mano toca la melodía?
  ¿Qué mano toca la armonía?

El pirata terrible

Tonalidad de DO menor

Allegro moderato

Nancy Faber

legato versus *staccato*

cruce

f *audaz*

¡*repite!*

gesto de *legato*

cruce

Lecciones y teoría, página 63 (Nanita, nana)

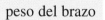

peso del brazo

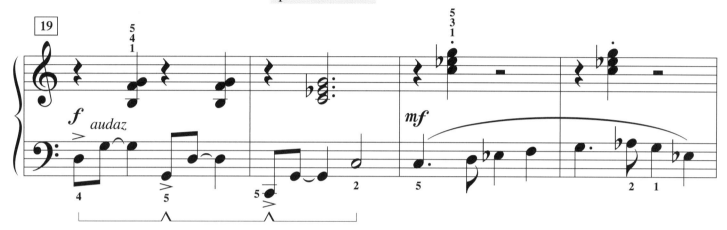

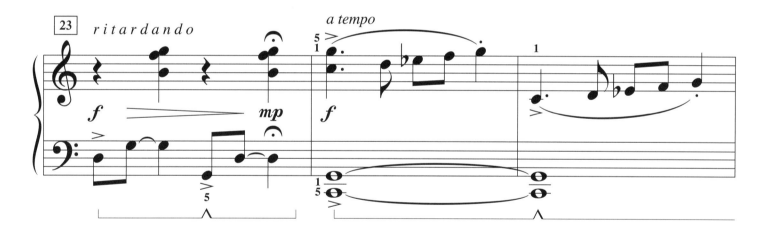

peso del brazo

Una docena al día de acordes perezosos

Tonalidad de DO mayor

Patrones con los acordes de I, IV y V7

- Repasa a diario los doce ejercicios, sin interrumpir. Toca en un *tempo* "perezoso".

Para la mano izquierda:

Para la mano derecha:

¡Excelente

Lecciones y teoría, página 67 (El *blues* del acorde perezoso)

Balance entre las dos manos

El buen músico logra un buen balance entre la melodía (más fuerte) y la armonía (más suave).

- ¿Cuál de las dos manos debe tocar *suave*, cerca de las teclas? ¿Por qué?

- ¿Cuál de las dos manos debe tocar con un sonido *profundo*, buscando el fondo de las teclas? ¿Por qué?

Melodía para la M.I.

Tonalidad de ____ mayor

Ludvig Schytte, Op. 108
(1848–1909, Dinamarca)

Moderato

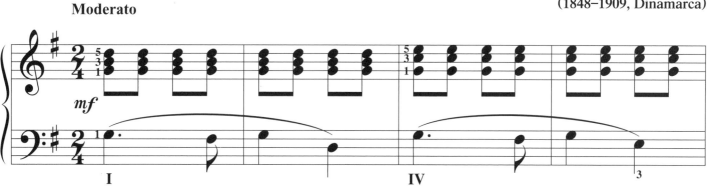

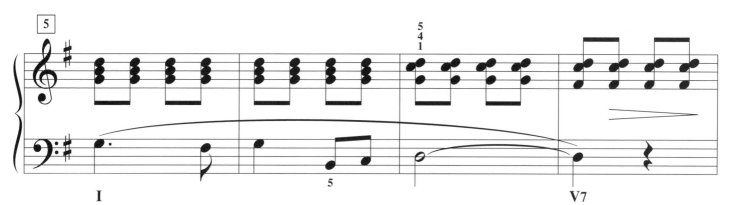

Escribe **I**, **IV** o **V7** en cada cuadro.

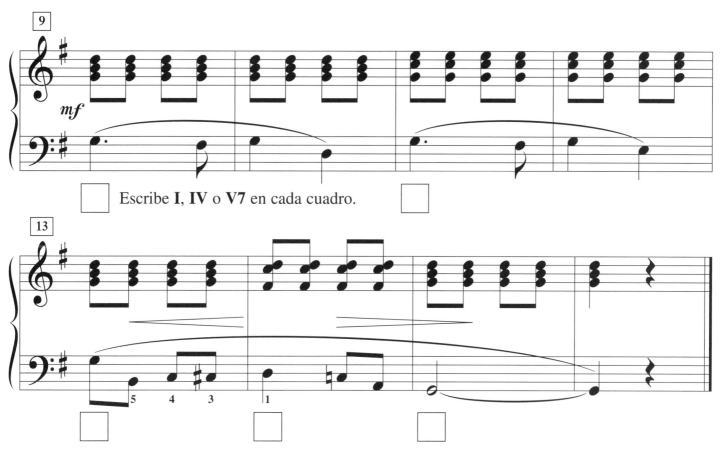

Consejos para practicar

- Primero practica los cambios de acordes con la M.I. hasta que sea fácil.

- Luego toca con ambas manos. Escucha y trata de tocar con un pulso estable.

En mi convertible

Tonalidad de ____ mayor

No demasiado rápido, paseando con tranquilidad

muñeca relajada, cerca de las teclas

pulgar liviano

En mi con - ver - ti - ble voy,

mi - ren que fe - liz es - toy.

Con - du - cien - do ba - jo el sol,

prepara la M.I.

hoy me sien - to rock and roll.

prepara la M.I.

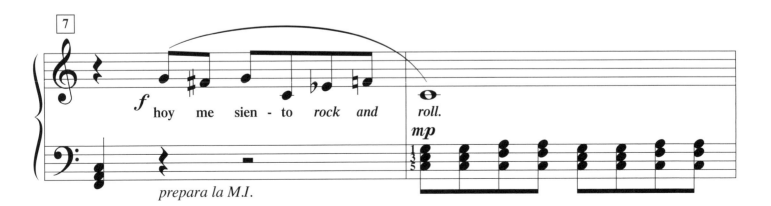

Lecciones y teoría, páginas 76-77 (Remando bajo la luna)

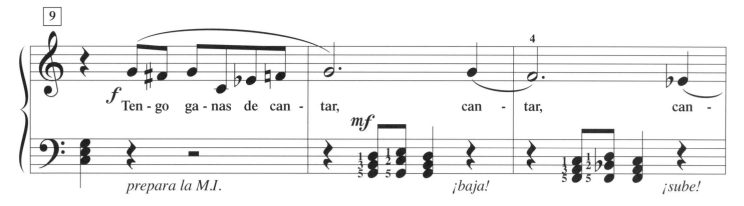

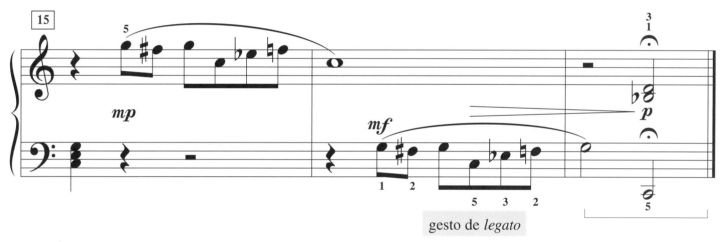

gesto de *legato*

DESCUBRIMIENTO

¿En qué parte de la pieza la M.I. imita a la M.D.? Muéstrale a tu profesor.

Acompañamiento para el profesor:

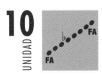

Consejos para practicar

- Practica l-e-n-t-a-m-e-n-t-e con manos separadas. Sigue *exactamente* la digitación indicada.

- Cuando estés listo, practica con **ambas manos**. ¡Fíjate bien en la digitación de la sección B (la segunda parte)!

Carrera de obstáculos en FA mayor

Louis Köhler, Op. 300
(1820–1886, Alemania)

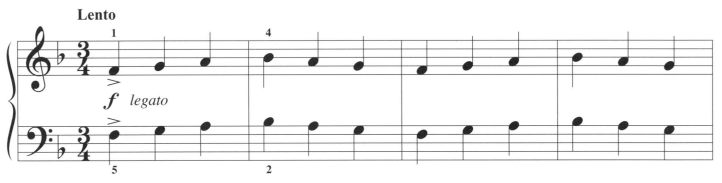

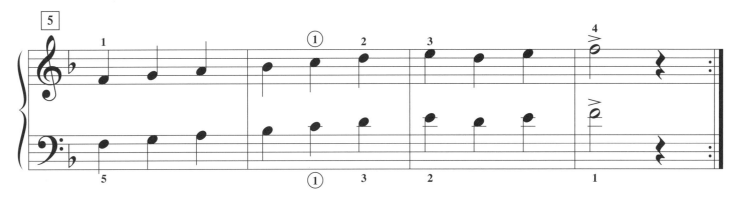

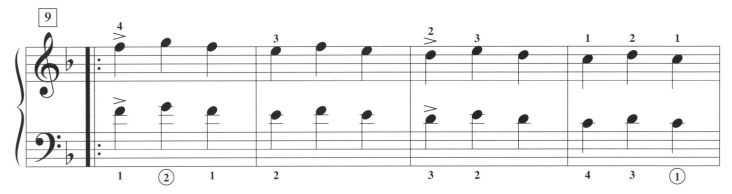

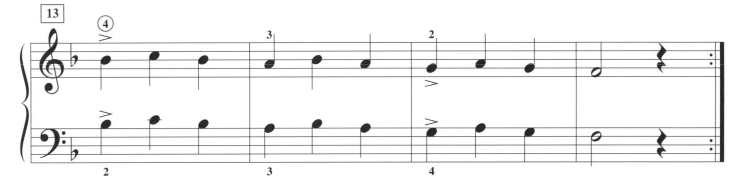

Lecciones y teoría, páginas 80-81 (Marcha turca)

Acordes quebrados de I, IV y V7

- Repasa a diario los seis ejercicios de acordes quebrados, sin interrumpir. Observa cómo debes alternar las manos: izquierda, derecha, izquierda, derecha, etc.

- Para aprender a cambiar de acordes suavemente, practica en los siguientes *tempos*:

Media docena al día

Tonalidad de ____ mayor

andante	♩ = 104	____
moderato	♩ = 132	____
allegro	♩ = 160-172	____

Allegro

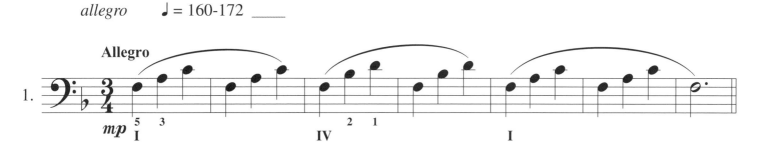

1.

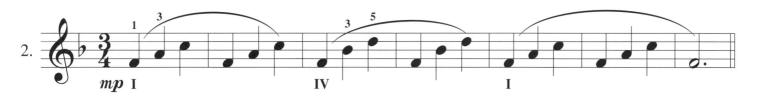

2.

3.

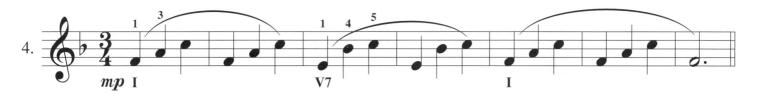

4.

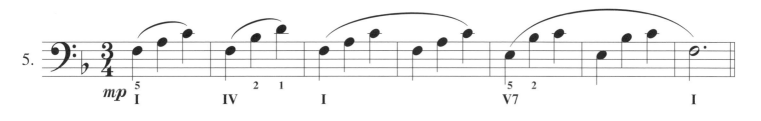

5.

6.

- Transpón *Media docena al día* a las siguientes tonalidades: ☐ **SOL mayor**   ☐ **DO mayor**

Esta pieza repasa varios conceptos de la **técnica** y la **interpretación**.
Al tocar, intenta incluir cada uno de ellos.

- pulgar liviano

- movimiento hacia adelante

- patrón de vals: "cae-sube-sube"

- balance entre las dos manos

- gesto de *legato*

- peso del brazo

Consejos para practicar

- Primero aprende la pieza como está escrita.

- Luego practica la escala virtuosa del
  compás 11, ¡para un final espectacular!
  Tu profesor te mostrará cómo.

Gran estudio en FA mayor

Nancy Faber

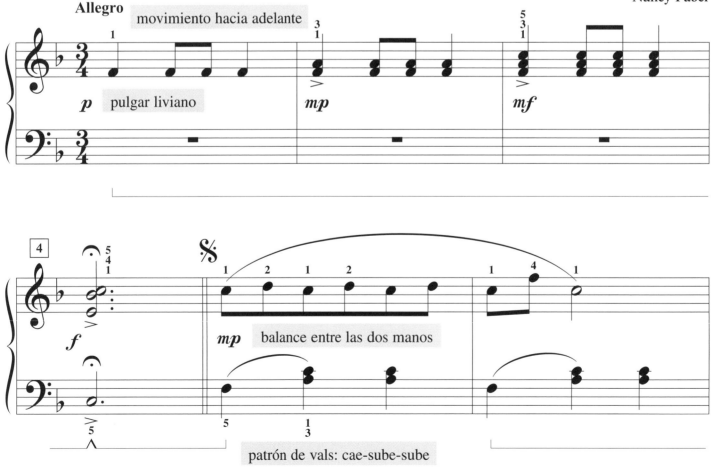

Lecciones y teoría, páginas 86-87 (Auld Lang Syne)

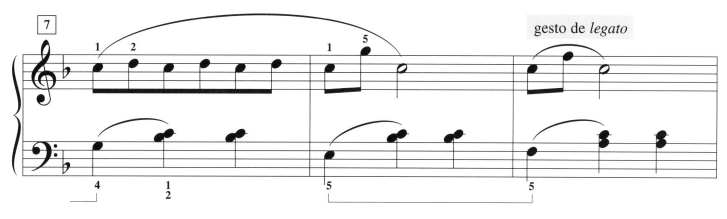

gesto de *legato*

o:

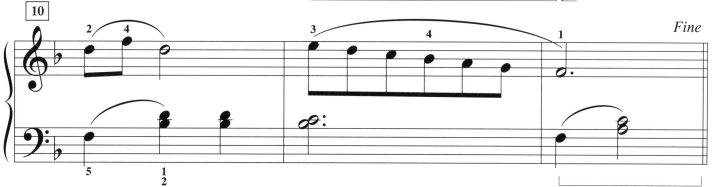

Fine

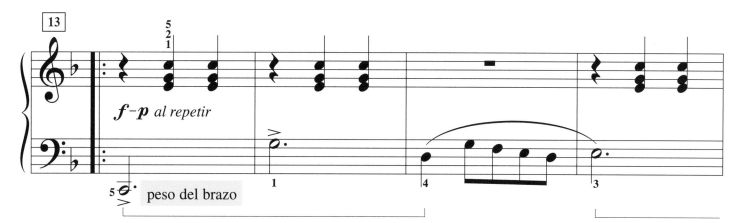

f-p al repetir

peso del brazo

D.S. al Fine*

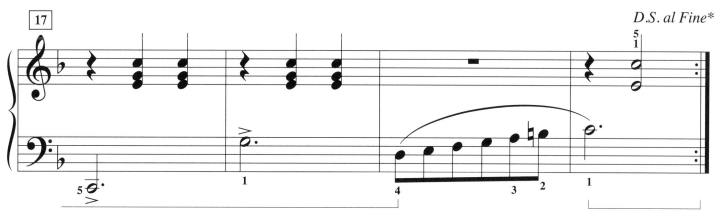

*D.S. al Fine *(dal Segno al Fine)* – volver al signo 𝄋 y tocar hasta el *Fine* (fin).

Acerca de la sonatina

Una sonatina es una pieza instrumental que casi siempre tiene tres secciones llamadas **movimientos**. Cada movimiento tiene un carácter diferente.

El primer movimiento es vivo y alegre: *allegro*.

¡Allegro!

Sonatina clásica
1er movimiento

Tonalidad de _____ mayor

Nancy Faber

A

Allegro

movimiento hacia adelante

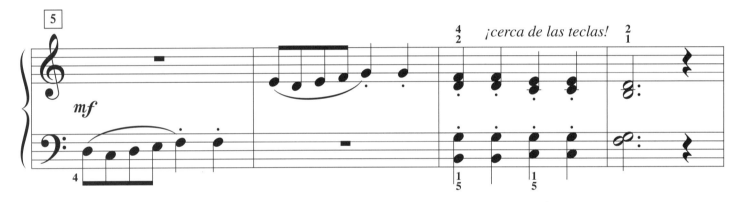

A¹ *sección A con pequeños cambios*

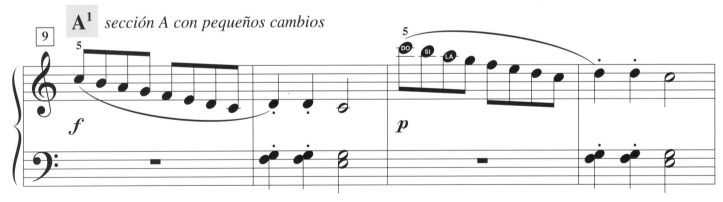

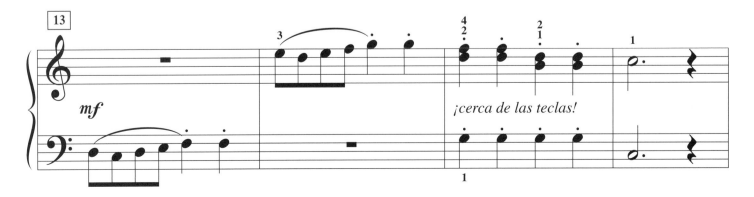

escala de___ de 5 dedos   escala de___ de 5 dedos

mp

pulgar liviano

peso del brazo

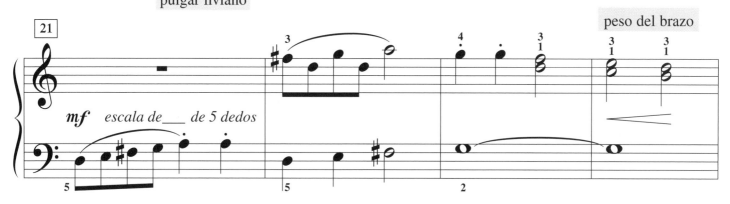

mf escala de___ de 5 dedos

A¹

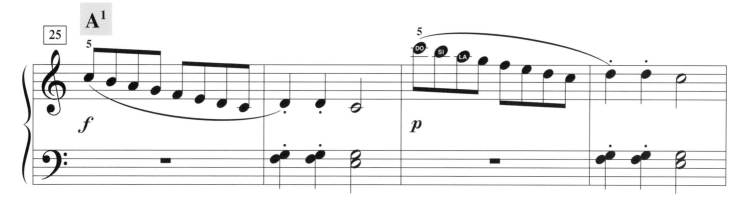

f

p

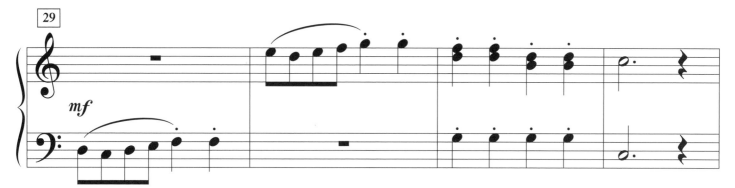

mf

33 *Coda (significa "final")*

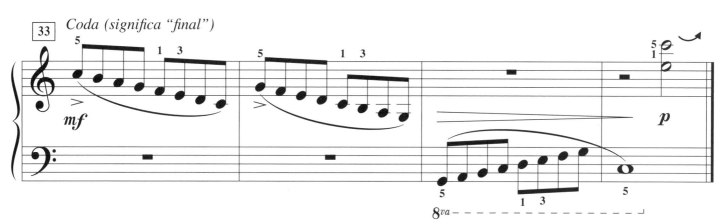

mf

p

8va

Acerca del 2do movimiento

El segundo movimiento es lento y calmado: *andante moderato.*
El intérprete puede mostrar su hermoso fraseo, su buen
uso del pedal y su bello sonido.

- Dibuja la **armadura** en cada pentagrama.

2do Movimiento

Tonalidad de ____ mayor

Andante...

Andante moderato

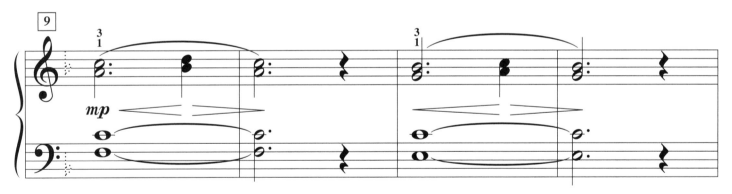

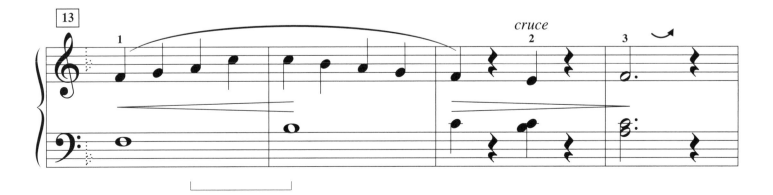

Lecciones y teoría, páginas 86-87 (Auld Lang Syne)

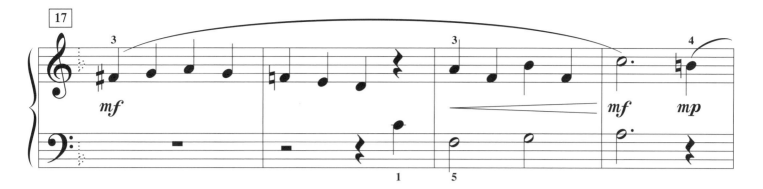

gesto de *legato*

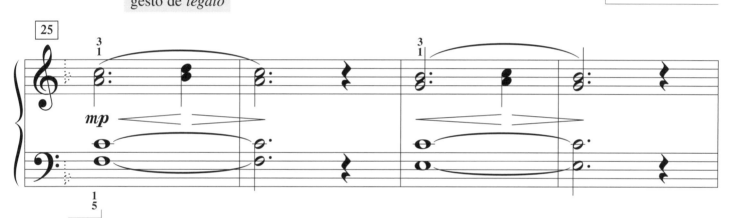

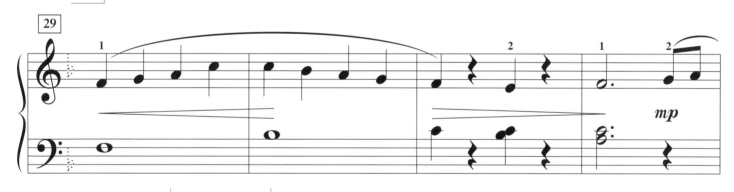

pulgar liviano

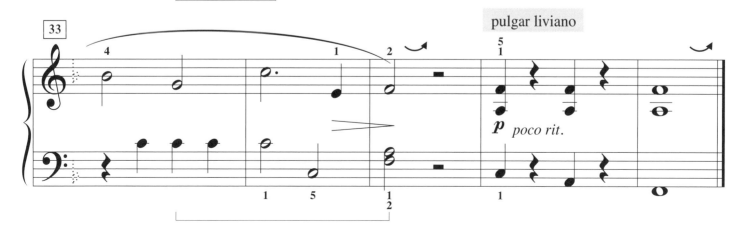

Acerca del 3er Movimiento

El tercer movimiento de una sonatina normalmente
es bastante rápido y muy rítmico: *presto*.

- Escucha y trata de lograr *staccatos* nítidos,
  acentos punzantes y matices variados.

3er Movimiento

Tonalidad de ____ mayor

Presto (muy rápido)

peso del brazo   pulgar liviano

gesto de *legato*

a la Coda

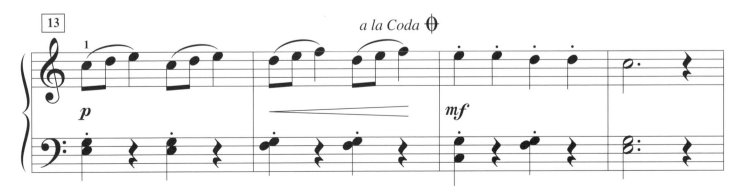

Lecciones y teoría, páginas 86-87 (Auld Lang Syne)

movimiento hacia adelante

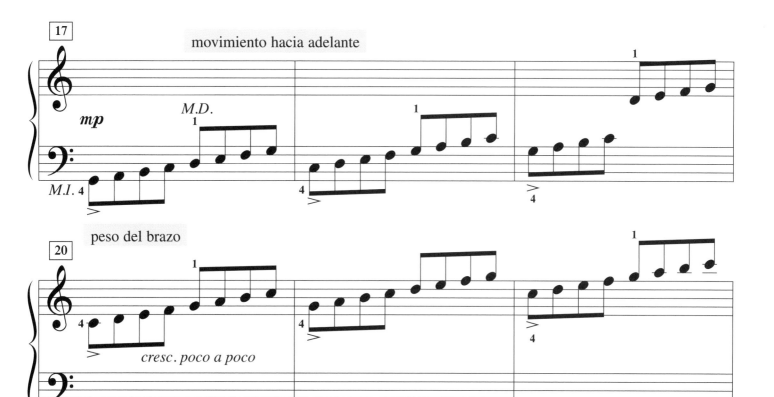

peso del brazo

cresc. poco a poco

puntas de los dedos firmes

D.C. al Coda

Coda

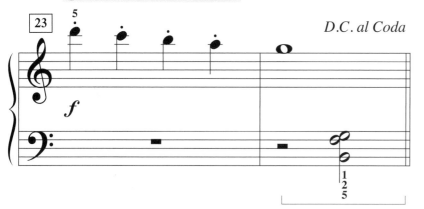

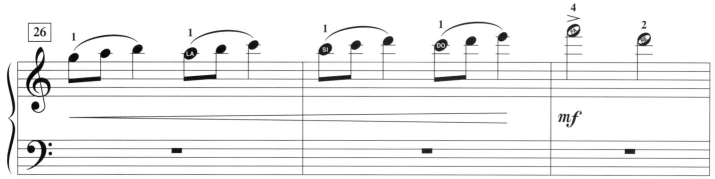

Gran Pausa

peso del brazo

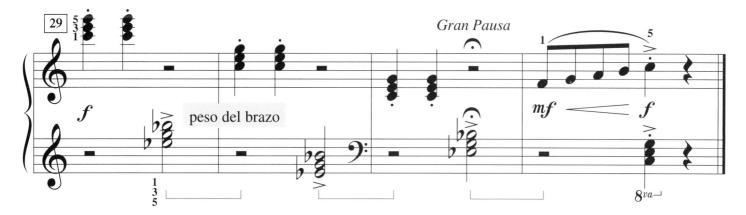

- ¿Puedes tocar los siguientes arpegios sin interrumpir, como un gran ejercicio de arpegios?

Arpegios mayores con cruce de manos

DO mayor

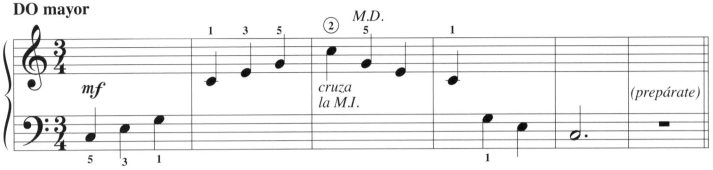

RE♭ mayor

RE mayor

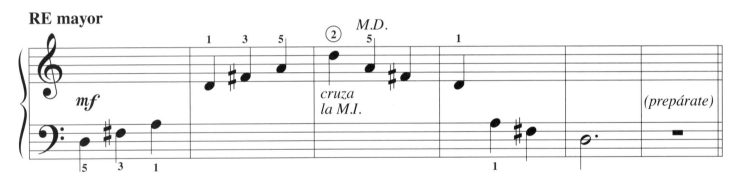

MI♭ mayor

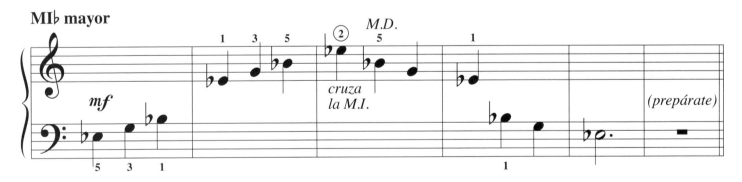

MI mayor

FA mayor

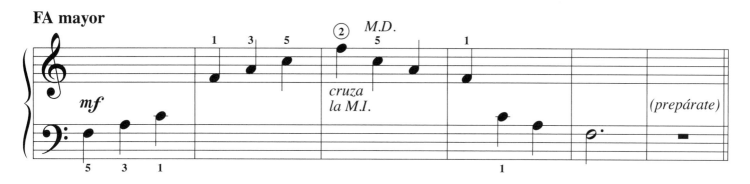

SOL♭ mayor

SOL mayor

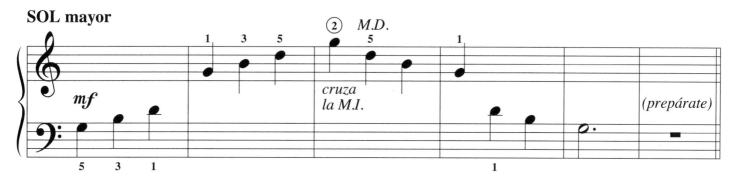

• Sigue tocando arpegios con cruce de manos usando los siguientes acordes mayores:

LA♭ mayor   **LA mayor**

SI♭ mayor   **SI mayor**

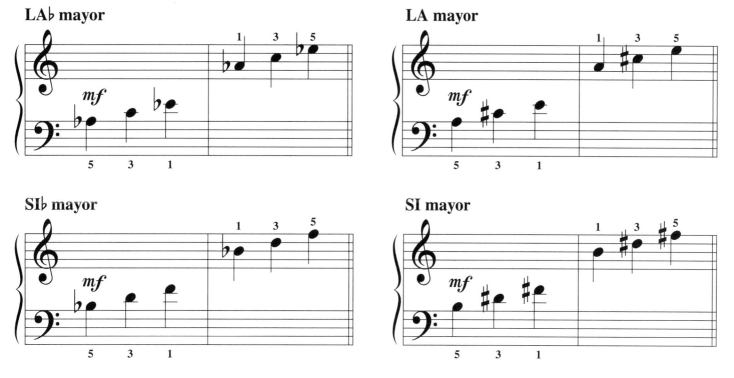

• Tu profesor te puede pedir que toques también arpegios **menores** con cruce de manos.

Nota para el profesor: a este nivel, el conocimiento de todas las escalas en las teclas blancas y de sus acordes básicos es opcional. Sin embargo, es bueno que los estudiantes las aprendan para desarrollar sus habilidades técnicas y prepararse para los siguientes niveles.

Escalas mayores y sus acordes básicos

Tonalidades mayores: DO, SOL, FA, RE, LA, MI y SI

Rutina de estudio para la escala de DO

¡BRAVO!
¡SIGUE!

- ¡Toca los siguientes cuatro ejercicios sin parar!

1. Solo la M.D.

2. Solo la M.I.

3. Manos juntas

4. Ejercicio de acordes

- Ahora usa la misma **rutina de estudio** para aprender las siguientes escalas mayores.

SOL mayor

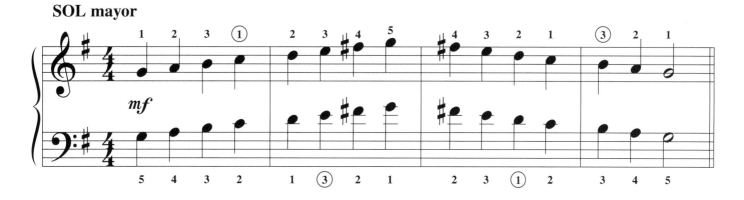

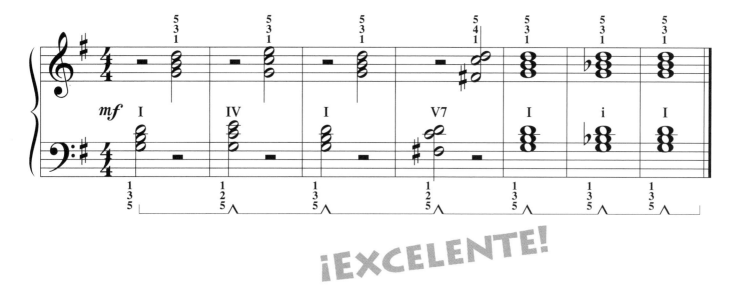

¡EXCELENTE!

FA mayor   *Los pulgares tocan DO juntos.*

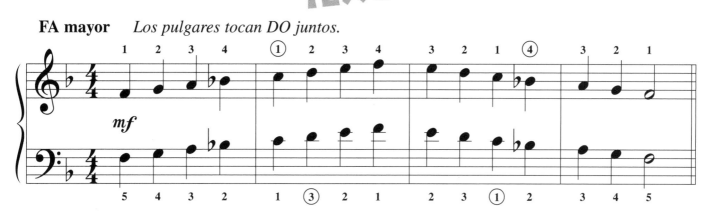

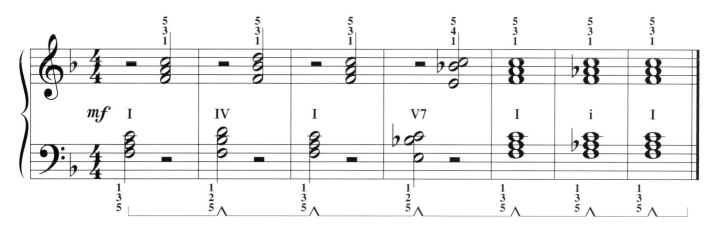

RE mayor

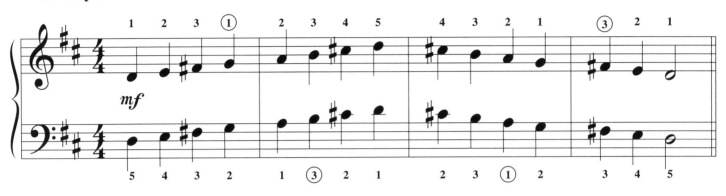

¡FANTÁSTICO!

LA mayor

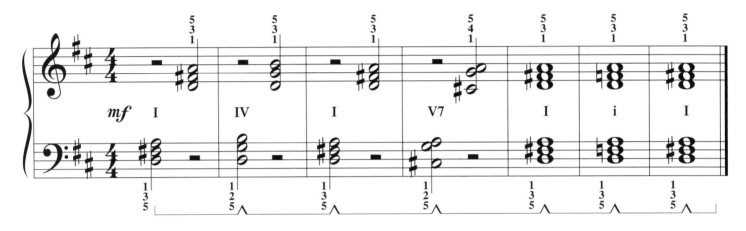

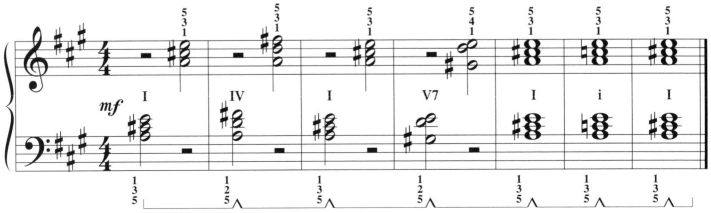

¡TÚ PUEDES!

MI mayor

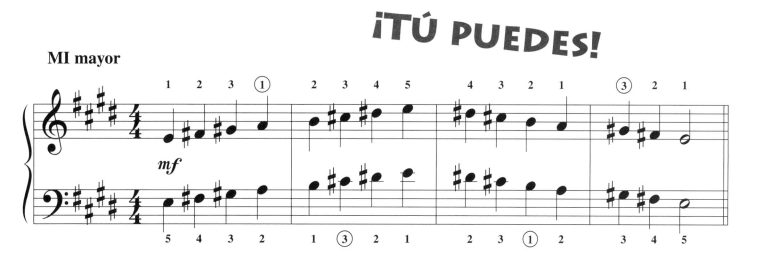

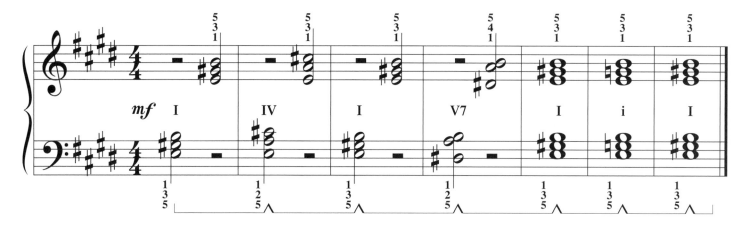

SI mayor

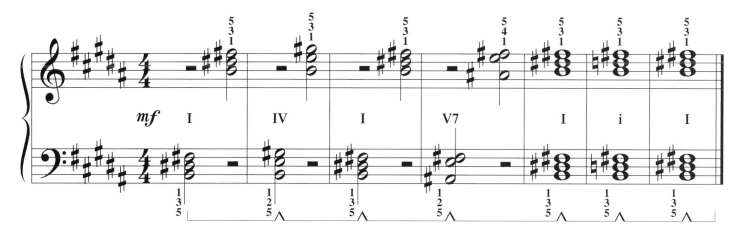

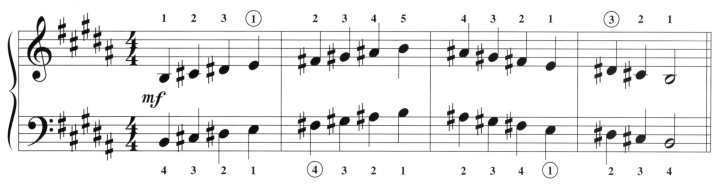

Diploma de dedos fabulosos

Felicitaciones a:

_____

(Escribe tu nombre)

Has terminado el NIVEL 4 DE TÉCNICA E INTERPRETACIÓN

y estás listo para el NIVEL 5

Profesor:_____

Fecha:_____